Von Muttertagen und anderen Wagnissen des Lebens

AF289429

Martina Schönberger

Von

MUTTERTAGEN

und anderen

WAGNISSEN

des

LEBENS

Heiter-Besinnliches zum
Schmunzeln und Nachdenken

panagema verlag

Schönberger, Martina:
Von Muttertagen und anderen Wagnissen des Lebens –
Heiter-Besinnliches zum Schmunzeln und Nachdenken / Martina Schönberger. –
panagema verlag, Martina Schönberger, Hirschaid,
1. Auflage, 2001, Originalausgabe
Text, Illustration und Umschlaggestaltung: Martina Schönberger;
Umschlagfoto: Foto Schiller, Hirschaid

ISBN 3-8311-1589-3

Die Deutsche Bibliothek – CIP-Einheitsaufnahme

Schönberger, Martina:
Von Muttertagen und anderen Wagnissen des Lebens : Heiter-Besinnliches zum
Schmunzeln und Nachdenken. – Orig.-Ausg., 1. Aufl.. – Hirschaid : Panagema-
Verl.; [Norderstedt] : Libri Books on Demand, 2001
    ISBN 3-8311-1589-3

Inhalt

VORWORT

"Mama!" – welche junge Mutter freut sich nicht, wenn sie dieses Wort zum ersten Mal hört. Doch überkommt einen bisweilen die schiere Verzweiflung, wenn der Ruf zum 50sten Mal durchs Haus gellt und mit einer "hochprozentigen" Wahrscheinlichkeit hat ein Kind gerade dann ein dringendes Bedürfnis nach der "Mama", wenn diese selbst gerade im Begriff ist, ein solches zu befriedigen.

Diese und viele andere kleinere und größere, alltägliche und besondere Ereignisse mit meinen beiden Töchtern Patricia und Natalie habe ich versucht, in meinen Gedichten zu verarbeiten, meist mit mindestens einem lachenden Auge, denn vieles ist bekanntlich "eine Sache der Perspektive". Die ersten Zeilen entstanden in langen schlaflosen Nächten, in denen ich mit einem Kind an der Brust hin- und hergerissen war zwischen der Faszination dieses kleinen Wunders und dem schmerzlichen Sehnen nach Schlaf und Ruhe.

Ebenso schmerzlich ist für mich das Gefühl, sie eines Tages "loslassen" zu müssen und jeder Schritt, den meine Kinder in die Selbstständigkeit tun, stimmt mich einerseits stolz, aber andererseits auch wieder traurig, weil ich weiß, dass sie nur eine "Leihgabe" sind. Auch der Gedanke an die Welt, in die wir unsere Kinder entlassen müssen, macht mir zugegebenermaßen nicht wenig Angst. Das beginnt bei den Hinterlassenschaften von Hunden auf dem Gehweg und Scherben auf dem Spielplatz und endet schließlich bei Polit- und Lebensmittelskandalen.

Auch unsere mittlerweile "vierte Kulturtechnik", der Umgang mit dem Computer, ist eine Welt, mit der Kinder selbstverständlich vertraut gemacht, der sie aber ebenfalls nicht ohne "einen kritischen Blick" ausgeliefert werden dürfen.

Bei all dem erscheint es mir aber äußerst wichtig, sich eine gute Portion Humor zu bewahren und auch den Blick auf die kleinen Dinge des Lebens nicht zu verlieren. Die Partitur einer Autobahnfahrt, die existentielle Bedeutung einer Klorolle, die Rachegelüste einer Coladose oder das Liebesleben der Schildkröten, der Besuch einer Fliege oder der beim Frisör – all dies wird gerne vergessen, würzt aber unseren Alltag ungemein.

Zu guter Letzt möchte ich mich noch bei meinem Mann bedanken, der die für eine Partnerschaft nicht immer leichten "Babyjahre" mit mir Hand in Hand durchwanderte, der mein treuester Zuhörer und zugleich "meine beste Freundin" ist – und ohne den es weder unsere beiden Töchter noch folglich ein einziges der Gedichte über sie gegeben hätte.

Martina Schönberger, im Februar 2001

SCHRITT FÜR SCHRITT
INS LEBEN

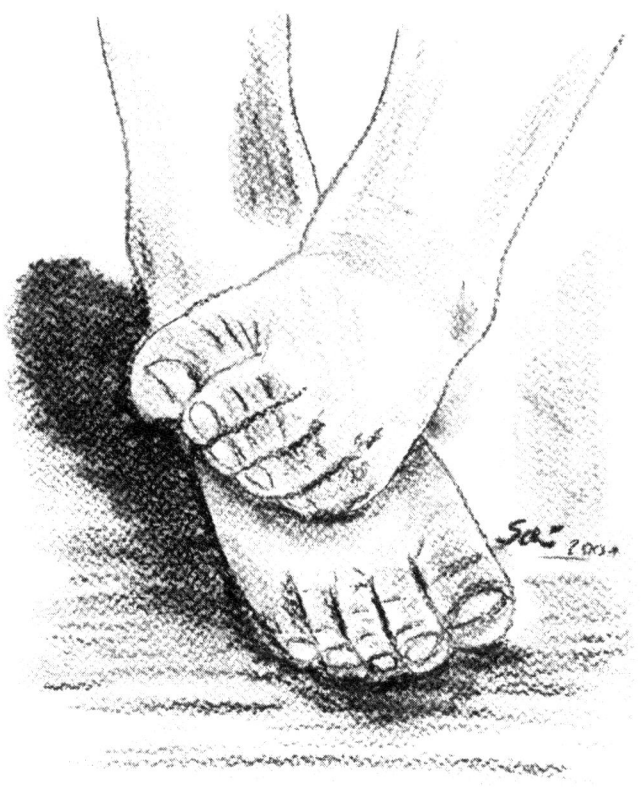

SO WIE DU BIST

Zartgliedrig bedächtiger Griff ins Nichts,
der Blick konturlos verschwommen.
Abhängig, hilflos der Körper des Wicht's,
Menschlein - zur Welt erst gekommen.

Ich möchte ihn halten den Augenblick,
möcht' nicht tauschen, möcht' nur bewahren.
So wie du jetzt bist, kommst du niemals zurück,
so bist du am schönsten, hab' g'rad es erfahren.

Doch nach wenigen Wochen verzauberst du Welt,
verfolgst uns mit Augensternen,
du lächelst - und nicht für Macht und Geld
woll'n wir dich je anders kennenlernen.

Du wirst größer und schwerer, die Bäckchen sind rund,
ich bin verliebt in jeden Ring deines Speckes.
Du greifst, drehst dich, robbst, wiegst bald achtzehn Pfund,
entfremdest die Dinge ihres Zweckes.
So bist du am schönsten, jetzt weiß ich's genau,
warum war ich vorher noch nicht so schlau!?

Das Sitzen, das Krabbeln, das Hochzieh'n zum Steh'n,
das Hopsen und Tapsen, das aufrechte Geh'n,
das Plappern, das Girren, das erste Wort,
bleib wie du bist - und so weiter, so fort!

Immer klüger, größer, älter, selbstbewusster und gescheit,
Kindergarten und Schule, erste Liebe, Kummer, Streit.
Ich liebe dich immer, im Hier und im Jetzt,
weil du bist, wie du bist - das steht für mich fest.

OH DU WUNDERBARE ZEIT

Oh, du wunderbare Zeit,
ein kleines Menschlein macht sich breit.
Erobert Herzen, Läden, Schränke,
erklettert Stiegen, Bäuche, Bänke,
verdrängt schnell Sorgen, Hektik, Stress,
lacht frech und fröhlich, gibt sich kess.
Es wuselt und wirbelt um Füße und Beine;
zum Ruhen und Sitzen - Zeit hat es keine.

Erlaubt ist alles, was gefällt,
hat sich die ganze Welt bestellt;
und alles, was es nicht lassen kann,
wird unverzüglich, sofort getan.

He Mama, schnell was für's leibliche Wohl!
Ach ja, und die Windel ist auch noch voll.

Und dann beginnt die nächste Runde
erst 'mal mit 'ner Schmusestunde.

FORTSCHRITTE

Eltern:
Komm kleines Wesen, krabbel doch endlich!
Bein vor und Arme ganz selbstverständlich –
jawohl kleines Mädchen, du hast es geschafft!
Oh Gott, sie krabbelt! – schnell weggerafft,
dies nicht und das nicht und jenes noch weg.

Kind:
Jetzt, liebe Eltern, habt ihr den Dreck!
Es kann euch ja nicht schnell genug geh'n,
ich zieh mich sogar schon hoch zum Steh'n!
Das hättet ihr bestimmt nicht gedacht,
welch' Fortschritte ich auf einmal gemacht!

Eltern:
Ach Baby, es ist uns nur zu gut bekannt,
ihr entwickelt euch leider viel zu rasant.
Man wartet immer auf die nächste Runde
und sehnt sich zurück nach der ersten Stunde.
Am Ende betrachtet man nur noch stumm –
Fotos und Reste von Erinnerung.

DER WEG IST DAS ZIEL

Die Spannung steigt ganz unermesslich –
der Augenblick bleibt unvergesslich
tief Luft geholt und konzentriert –
schließlich hat man's noch nie probiert.

Der Reiz des Neuen lockt gar sehr,
beim Zusehen scheint's nicht so schwer.
Geübt am Sofa lang genug,
Zeit ist's für den Freihandausflug.

Ins Aug' gefasst wird dann das Ziel:
ein Meter weg – auch nicht zu viel?
Doch nur gewinnt, wer auch was wagt,
ein altes Sprichwort schließlich sagt.

Und anvisiert mit kühnem Blicke
und hin zum Ziel: Die ersten Schritte!

ERSTE REISE

Zur Oma fährst du ganz allein,
brichst auf zur großen Reise,
das Köfferchen gepackt - so klein,
doch ziehst du immer größ're Kreise.
Der Schnuller muss mit ins Gepäck
und Schuhe, Socken, Hosen,
der neue Hut - du schaust so keck,
ich möchte dich liebkosen.
Ob du es schaffst, ohne Mama,
'ne Nacht zu überstehen?
Ein Quentchen Zweifel ist schon da, -
naja, wir werden sehen.

Das Telefon! - "Hallo Mama,
am Ziele bin ich - wir sind da!"
Die Mutter säuselt: "Hallo Schatz!",
doch weiter kommt sie nicht.
Die Tochter macht der Oma Platz,
das Spiel hat mehr Gewicht.

Die Eltern schauen stumm sich an,
"hm" heißt der Blick, was nun?
Was fängt man mit der Freizeit an?
Am besten wär' es, was zu "tun".

Kein Kind, das redet, quasselt, quatscht -
oh, himmlisch ist die Ruh.
Niemand kommt hinterhergelatscht -
ich schließ' die Augen zu.

Man hört nur leis' das Baby plappern
und zwischendurch mit etwas klappern.

Das Elternpaar genießt die Freiheit,
auch wenn's Gewissen etwas zwickt
und stürzt sich gleich hinein in Arbeit,
man ist zufrieden und beglückt.

Am nächsten Tag erwartet man
gespannt den Nachtbericht,
und staunte schließlich alsodann,
traut seinen Ohren nicht:
Der Schlaf war ruhig, dem Kind gefällt's,
es will noch länger weilen,
denn Oma, Opa sind bestellt,
den Wünschen nachzueilen:

Rolltreppe, Karussell und Treiben -
Töchterchen will noch länger bleiben
und nach drei Nächten stellt sich raus:
das Kind will gar nicht mehr nach Haus -
Urlaub von Baby, Pflicht und Soll,
Großeltern springen, das ist toll.

Zu Hause hat man sich derweil
mit *einem* Schatz begnügt
und sich in den - wer hätt's gedacht,
gleich noch einmal verliebt!
Mal Zeit zu finden, das ist schön,
für diesen zweitgebor'nen Wicht.
Einmal an erster Stelle steh'n,
Rivalen gibt es nicht.

Doch nach drei Tagen lockt die Sucht,
die Große wieder mal zu seh'n,
sprich "Sehn-Sucht" ist's, die schließlich ruft,
zum fernen Urlaubsziel zu geh'n.

Wider Erwarten der Empfang
mit Küsschen und Umarmen,
sogar das Schwesterchen - sieh an -
findet großzügig ihr Erbarmen.
Da wird gestreichelt und gedrückt,
man ist vom Wiederseh'n beglückt.
Die Oma ist nun abgeschrieben,
nur bei der Mama gibt es Frieden.

Alsbald wird wieder eingesackt,
der Kofferraum noch vollgepackt.
Der Abschied ist nicht weiter schmerzlich,
das Wiederseh'n wird sicher herzlich.

Im Auto hört man selig dann,
sich wieder das Geplapper an
und fragt sich, was es Schön'res gibt,
als wenn man zwei hat, die man liebt.

TRENNUNGSSCHMERZ *oder:*
KINDERGARTENANFANG

Puls und Herz und Atmung,
Magen, Galle, Darm –
Übelkeit und kalte Füße,
heiße Ohren, Stirn zu warm.

Diagnose: Schwangerschaft?
Kater? – keine Abwehrkraft?

Nichts, was zu behandeln wäre,
Ärger, Zweifel, Furcht und Leere,
Leidensdruck und Trennungsschmerz
für Mutter- oder Kinderherz?

ERSTE SCHRITTE *oder:*
ZUM SCHULANFANG

Immer sind's die ersten Schritte,
     die man wagt, wenn man beginnt:

Der erste Schritt auf eig'nen Füßen
     war triumphal – ja, ganz bestimmt!
Zum ersten Mal 'ne Tür geöffnet –
     das Tor zu einer neuen Welt.
Ob Kindergarten oder Schule:
     dass alles Neue dir gefällt,
dass alle Schritte soll'n gelingen,
     das wünsch' ich dir, mein liebes Kind –

vor allem, wenn's die ersten sind!

"ICH BIN SOWEIT!"

Du gehörst zu meinen Nächten,
ohne dich schlaf' ich nicht ein,
jeden Abend wart' ich süchtig
auf dein Trippeln oder Schrei'n.

Haarewuseln, kuscheln, schmiegen,
vertrauensvoll warm im Arme liegen,
deines Atems sanfte Brise,
Traum von einer Blumenwiese.

Sollt' ich schreien, schimpfen, toben,
and're Kinder darob loben,
die nur eig'ne Betten kennen,
Durchschlaf-Vorbilds-Kinder nennen?

Vögel aus dem Neste jagen,
lang' bevor sie Flügel tragen?

Nein, es kommt bestimmt die Stunde,
da du selbst zum Flug bereit,
da ich hör' aus deinem Munde,
"Jetzt, Mama, ich bin soweit!"

ALLES
EINE SACHE
DER PERSPEKTIVE

STIMMGEWALT

Der Kampfschrei ertönt, dass die Wände beben,
ein Bündel Kraft, Energie und Leben.

Den Willen kundgetan und notfalls erzwungen,
dass Mama und Papa die Ohren geklungen.

Ein strahlendes Lächeln – die Werbung lässt grüßen,
soll schließlich das Flehen und Fordern versüßen.

So ruhig und so sanft, es ist kaum zu glauben,
dass dieses Stimmchen kann Nerven rauben.

FRÜHSTÜCK

Elf Monde und schon lebenstüchtig,
das Brot vom Brot ist nicht so wichtig,
existentiell sind nur die Wurst,
der Käse und was gegen Durst.
Wer den Pinzettengriff schon kann,
hat sich damit nicht schwer getan.

Höchst problematisch und unbequem
ist Streichbelag - wie unangenehm.
Da wird physikalisch experimentiert
und beim Werfen die Schwerkraft ausprobiert.
Doch zu des Kindes höchstem Glück,
fällt die "gute" Seite auf den Tisch zurück.
Schnell weg mit dem Brot, dem gesunden,
und abgeschleckt unumwunden,
Leberwurst, Streichkäse, Marmelade,
Honig und schmierige Schokolade.

Alles, was Spaß macht und schmeckt,
wunderbar auf der Tischplatte klebt.
Ein Grinsen - hilflos die Mama,
und frech das Kind - geschafft, hurra!

NUDELN MACHEN GLÜCKLICH

Wenn and're ihre Pudeln baden,
muss die Mama in Nudeln waten.
Wo niemals die Spaghetti kleben,
da herrscht fürwahr kein echtes Leben.
Aufdringlich, hartnäckig und gemein,
schlängeln in kleinste Ritzen sich rein.
Erstaunlich, wo die Biester sitzen,
Geduld und Spucke könnten nützen.
Doch nicht zu wischen oder zu fassen,
vielleicht hilft's, sie auf dem Trock'nen liegen zu lassen.
Ich geb' mich geschlagen im Pastakrieg,
vielleicht schaff' ich den Krümelsieg?

BLÄHUNGEN

Wenn die Luft zwickt
und der Bauch drückt,
dann wird getragen und geklopft,
bis sie ausrückt:
Zuerst kracht oben die Luft,
dann wird hinten raus verpufft,
noch ein Nachschlag, etwas feucht,
jetzt die Windel voll, mich deucht.
Dann wird abgewischt und trockengelegt,
bis das ganze nach dem Stillen
von vorne losgeht.

NACHTMAHL

Knutschflecken zieren die Mama,
wo war die Brust nur? –
ach so, ja da!
Na endlich, das wurde auch langsam Zeit.
Dabei ist dies' Mahl so schnell zubereit'!

Ein bisschen noch saugen,
ein Schlückchen noch rauben.
Brei kannste vergessen
und selber essen.

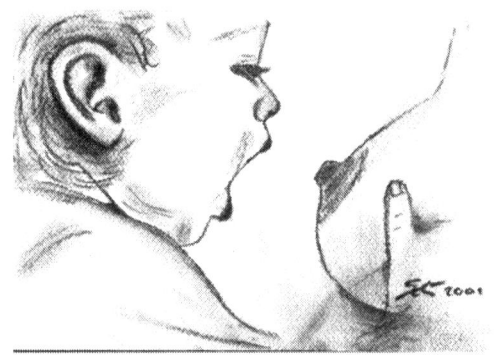

DAS AUA

Supergau, Erdbeben, Weltuntergang,
Unfall, Katastrophe - drei Millimeter lang.
Sturmflut und Wogen und Schmerz und Schrei,
Rettungsmannschaften eilen herbei.
Blut, wohin das Auge schaut -
circa zwei Tropfen - Verzweiflung wird laut.
Hektik, Schritte, schweißnasse Stirn,
Ausnahmezustand, die Helfer schwirr'n.
Pflaster, Schere, "Aua-Creme",
hinsetzen, trösten und versteh'n.

Wie durch den Spruch einer Zauberfee -
Stille - und es tut gar nicht mehr weh.

NÄHE

Ich möchte gern so nah ich kann
an die Mama heran.
Und hab' ich es geschafft, dann –
rück' ich noch ein Stückchen 'ran!

NICHT MEHR ALLEIN

Die neue Schwester war ganz einfach da,
du hast sie prima aufgenommen,
auch noch nach einem halben Jahr,
hast du dich fabelhaft benommen.
Spielzeug gegeben,
Trost gespendet,
Babysachen zweckentfremdet.
Der Eintritt in die neue Babywelt,
stelltest du fest - gefällt.

DOCH LIEBER ALLEIN?

Es streiten die Gefühle,
ich weiß nicht, was ist los!
Ich liebe doch die Schwester
und hass' sie manchmal bloß.

Ich freu' mich, dass sie da ist,
doch nicht bei der Mama.
Ich geb' ihr Spielzeug, Brot und Sunkist,
doch - was wär', wenn sie gar nicht da?

Hätt' ich die Mama ganz allein,
dazu noch den Papa?
würd' ich das "Ein-und-Alles" sein,
wie noch vor einem Jahr?

Doch wer würd' meine Haare fassen,
und wer laut lachen, wenn ich tanz'?
Ich glaub', ich kann dich fort nicht lassen,
dann nehm' ich dich, wenn's sein muss ganz.

Ich muss dir auch den Schnuller bringen
und wenn du weinst, dir noch was singen
und retten vor dem Übermut
und sämtlichem Gefahrengut:
dem Gras, Papier, den spitzen Sachen,
die dir sonst noch ein "Aua" machen!

Ja, Schwesterchen, du brauchst mich halt,
ich bin schon groß und ziemlich alt!
Ich zähle schon zweieinhalb Jahre
und hab' auch schon recht lange Haare.
Und überhaupt, was ich schon kann,
da kommst du lange noch nicht 'ran!
Ich kann schon malen, schneiden, "lesen"
und umgehen mit Schlauch und Besen.

Ob Fernseher, Foto oder CD,
sogar allein auf's Klo ich geh'
Gedichte und Lieder, vom Sofa springen -
ich seh' schon, ich muss dir noch vieles beibringen.
D'rum kleine Schwester, werd' ganz schnell groß,
dann machen wir zwei gewaltig was los!

"DANKE" SAGEN!?

Gelernt ist gelernt
und das "Danke" sagen
können wohl nur die Großen wagen.
Sie fühlt sich dafür noch viel zu klein,
denn es könnt' auf die Dauer ja lästig sein.

SPIELE MIT BISS

Frech wie Oskar
und so niedlich,
forsches Blondhaar,
bist so lieblich:

Ein Finger zum Besitz erklärt,
der eig'ne nicht, das wär' verkehrt,
denn nicht zum Spielen oder Saugen,
soll jener schließlich etwas taugen,
sondern zu stärken das Gebiss -
ein lauter Schrei ist auch gewiss,
denn die Mama - sie ward gebissen -,
hatte ein argloses Gewissen.
Vielleicht hat sie nur mitgespielt -
egal - Hauptsach' Erfolg erzielt!

Und kürzlich wurde gar entdeckt,
dass auch 'ne Nase als Objekt
für der'lei Spiele trefflich mundet.
Höchstes Interesse wird bekundet:
Zunächst ward vorgetäuscht ein Kuss -
in Sicherheit man wiegen muss -
dann grabscht man nach den langen Haaren,
die Hacker werden ausgefahren,
erfolggekrönt die Blitzaktion,
der Zahnarzt freut sich heute schon.

ALLEINGANG

Endlich ist der Aufzug da,
die Tür schwebt auf - doch oh und ah,
er ist nicht leer, wie man gedacht,
er hat ein Menschlein mitgebracht.

Von Oma, Opa und Mama
ganz unbemerkt - die Türe da!
Hat sich ganz plötzlich drin befunden
und hui - die Reise ging nach unten.

Noch nicht 'mal einen Meter groß
und g'rad ein Jahr - wie hat es bloß
die Eltern derart ausgetrickst?
Es steht nur da und grinst verschmitzt.

Die Mama denkt: die Oma wacht,
doch die derweil was andres macht.
Die Oma meint: der Opa schaut,
doch der mit Papa Koffer staut.
Der Opa auf die Mama zählt,
inzwischen die Gepäck auswählt.
Der Papa hat von nichts 'nen Schimmer
und's Kind jedoch lacht frech, wie immer,
als es, von fünf Mann eskortiert,
bei Mutter abgeliefert wird.

KINDER AM WERK

Wenn die Zahnbürste sich plötzlich etwas Besseres dünkt
und zwischen den Polstern des Sofas versinkt;
wenn du arglos 'ne Handvoll Cornflakes zertrittst
oder ganz unerwartet auf 'nem Bananenstück sitzt,
wenn die Stöckelschuhe plötzlich 'ne Nummer zu klein
und darin nistet fröhlich ein Kieselstein -
    dann war's ein Wichtelzwerg
    oder Kinder am Werk.

Wenn ein Leberwurstwerk deine Stuhllehne ziert
und man dir gerade den neuen Puder entführt;
der Lippenstift verliert seine Stromlinienform
und über frisch gewischte Spiegel freust du dich enorm;
wenn der Wecker plötzlich nicht mehr ganz richtig tickt
und irgendein Floh dich in die Wade zwickt -
    dann war's ein Wichtelzwerg,
    oder Kinder am Werk.

Wenn auf dem Teppich sich Apfelsaft mit Pipi vermischt
und die Mutter zum 'zigten Mal den Boden aufwischt
und derweil in der Röhre der Auflauf verbrennt,
weil schon wieder jemand gegen ein Möbelstück rennt;
wenn die Fingerfarbenschlacht sich dem Ende zuneigt
und der Zeiger schon wieder kurz vor Mittag zeigt -
    dann kommt's "Atlantiktief"
    und der Haussegen hängt schief.

MORGENS FRÜH UM SECHS

Morgens früh um sechs,
ich meine Ruhe schätz',
morgens früh um sieben,
ach wär' sie doch geblieben!
Morgens für um acht,
die Kinder fortgebracht,
morgens früh um neun,
den Einkauf nicht versäum'.
Morgens früh um zehn
noch schnell was putzen geh'n.
Ofen an um elf -
koch' dann bis um zwölf.
Gemüse gibt's und Reis und Fisch,
hurtig Kinder kommt zu Tisch!

WOCHENPLAN

Kindergarten, Bastelchaos, Barbie spielen, Lesen -
Waschpulver, Putzlappen, Mülleimer, Besen.

Schlafzimmer, Gästeklo, Bäder, Boden, Kücheneck -
Staubflusen, Spinnenweben, Spiegelfinger, Kleintierdreck.

Kartoffelsuppe, Currywurst, Fischstäbchen, Spinat -
Pizzatoast, Nudelauflauf, griechischer Salat.
Goulasch, Hackfleisch, Spiegelei -
Pfannenkuchen, Kinderbrei.

Metzger, Bäcker, Chor, Post, Bank -
Altpapier, Glas, Dosen, Tank.

Scheuerpulver, Schafskäse, Müllbeutel, Tee -
Obst, Kartoffeln, Buttermilch, löslicher Kaffee.
Nudeln, Eier, Joghurt, Reis -
Pommes, Chicken, Schokoeis.

Haarewaschen, Abschminkcreme, Fingernägel,
                              Schlafgewand -
Yogaübung, Füße hoch, Bett, Buch, Weinglas,
                              Nusskrokant!

TERMINPROBLEME

Die Mutter schnuppert Großstadtluft,
zumindest in Gedanken,
doch statt Parfüm und Münchner Duft,
da pflegt sie ihre Kranken.

Die Kids - sie sind sonst pumperlg'sund -
und war'n noch nie so munter,
doch just gerade diese Stund',
ein Virus kriegt sie unter.

Die Mama ist schon top gestylt,
es laufen die Motoren.
Anweisungen sind auch erteilt -
doch die Schlacht ist verloren!

Statt Hautevolee gibt's warmen Tee
und Klinikum statt Schwof,
doch wie ich die Sachlage seh',
sind Viren ziemlich doof.

Sie sollten wohl, so meine ich,
mal den Kalender lesen
und wären dann ganz sicherlich
schon letzte Woche hier gewesen!

DER KLEINE UNTERSCHIED

Zum Muttertag – ganz klarer Fall –
    gibt's ein Familienfest.
Der frischgeback'ne Kuchen
    besteht den Vorkosttest.
Gekocht wird selbstverständlich
    nach Mutters Hausmannsart,
der Vater nickt bedächtig
    und streicht sich durch den Bart.

Ganz anders dann der "Herr'ntag",
    dem Vater dient zur Ehr',
der wandert gern von dannen,
    mag's nicht so familiär.
Und Jahr für Jahr wird deutlich
    was jeder *täglich* tut,
ist wohl, so scheint's erwiesen,
    auch feiertags recht gut.

"VERDAMMT ICH SITZ' G'RAD' ..!"

Ach ist das schön gebraucht zu sein –
noch nicht beim alten Eisen,
von rechts und links die Kinder schrei'n,
die Katze möchte speisen.

Der Ehemann kommt just nach Haus,
hat auch noch nichts gegessen,
im Keller Meerschweinchen und Maus,
die hätt' ich fast vergessen.

Da meldet sich auch noch ein Drängen,
fast nicht zu bremsen schon,
will mich aus meiner Hose zwängen,
da klingelt's Telefon.

Von einem Bein aufs and're treten
und tschüs – bis bald – ade,
zusammenkneifen hilft und beten,
geschafft – man sitzt – oh weh!

Da trifft ein Schrei mich wie ein Hieb,
"Mama, wo bist du – wo?"
Alteisen wär' mir nun ganz lieb,
"Verdammt ich sitz' g'rad' auf dem Klo!"

ZUR RUHE KOMMEN?!

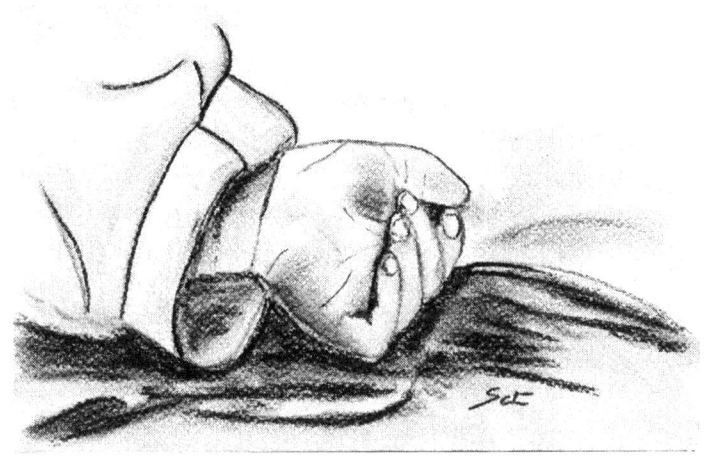

Unglaublich - die Weichheit, die Zartheit, die Wärme
deiner schlafmüde sich schließenden Hand

GUTE NACHT MEIN KIND

Ich möcht' ein Stück von der Mama
in die Traumwelten retten.
Ich brauche Hände, Arme, Haar,
um mich darauf zu betten.
Will nicht an der Matratze lauschen,
sondern am Herzschlag mich berauschen.

Gestreichelt, geborgen und gewiegt –
in die Unendlichkeit geliebt.
Wenn düstere Schatten einer neuen Nacht
mir wieder einmal Angst gemacht,
dann hilft der Griff nach Nase, Mund,
dass ich mich sicher fühle – und
saugst du dann noch an meinen Fingern,
verstummt sogleich mein banges Wimmern.

Ein Glück, dass du bist immer da,
verlass mich nicht, versprich's Mama!

NA DENN GUT' NACHT!

Endlich - um elf Uhr die Letzte im Bett.
Am Abend sind sie halt gar zu nett,
so gut aufgelegt, so fröhlich und frech,
dass der Abend dann um ist - der Eltern Pech.
Sie haben es schließlich nicht anders gewollt,
sonst hätten die Kids sich um neun schon getrollt.

Um elf Uhr also dann
fängt für Mama das Groß-Aufräumen an.
Das Spielzeug in Schachteln und Kisten verstaut,
das Geschirr der Maschine zum Spülen anvertraut,
den Wäscheberg etwas kleiner gemacht,
der Trockner die letzte Runde noch macht.

Für den frischen Teint sorgt auf der Stelle
die Gespenstermaske in Minutenschnelle.
Daneben wird rasch noch der Nachttrunk gerichtet,
weil das Baby da nicht so gern d'rauf verzichtet.

Auch die Eltern haben sich was eingegossen
und ab Mitternacht wird endlich der Abend genossen,
man gönnt sich großzügig 'ne halbe Stunde
und auf geht es in die Nachtkampfrunde.

Entspannt die Glieder ausgebreitet,
die Müdigkeit durch dieselben gleitet.
Ein Lächeln, das Bett wird wunderbar warm
und auch Mama umfängt sogleich Morpheus Arm.

Oh nein - schon tönt der erste Schrei,
ein Blick auf die Uhr - g'rade eins vorbei!
Die Kleine, verdammt, hoffentlich schläft sie gleich weiter.
Mamas Bett kühlt ab - ihre Stimmung: noch heiter.
Der Schnuller hilft - und die Schwester stimmt ein,
dann rentiert es sich besser, wenn beide schrei'n.

Das Bett wieder warm und Mama entrückt,
dem Baby Luft in den Därmen zwickt.
Es rührt sich - und ein spitzer Schrei
reißt wieder Mutters Träume entzwei.
Schnell hin, dass es ja nicht die andere weckt,
raus - was zu Trinken - wieder zugedeckt.

Halb zwei - zwei - drei- halb vier -
Nachtschlaf, ich sehne mich nach dir!
Wenn die eine ruhig schläft, kommt die and're bestimmt,
'mal sehen, wer heut' nacht das Rennen gewinnt,
'mal schauen, wer wieder am lautesten plärrt
und am längsten die Mama zu sich zerrt.
Raus und rein und rein und raus,
zehn-, zwölfmal, wer hält das aus?

Als sei es nicht genug der Tücke,
schwirrt noch herum 'ne kleine Mücke.
Hau ab du Vieh und lass mich eben,
du schenkst mir Ruh', ich dir das Leben.

Endlich ist die Nacht vorüber.
Die Hoffnung: Schlafen sie morgen wieder?
Die Kinder lachen und strahlen so froh.
Sie sind ausgeruht - Mama müde - wieso?

Sie schwört sich: Heut' mit den Kindern ins Bett!
Doch dann ist die Lektüre so nett,
der Fernseher lockt oder der Ehemann.
Um ein Uhr schließt man die Augen dann
und denkt noch - hoffentlich recht lang.
Der Gedanke ist noch nicht zu Ende gedacht,
da ist man schon wieder aufgewacht.

PS: Ein Nachtrag noch zum Ende.
Die nächste Nacht sprach wieder Bände.
Doch schließ- und endlich irgendwann
bessert sich jeder Nachttyrann.

Nachtrag nach zweieinhalb Jahren:
Nun bin ich ganz schön nachterfahren.
Die Große ratzt traumhaft, meist fest wie ein Stein.
Die Kleine schläft kaum ohne Haarwuseln ein
und trippelt nacht-nächtens in Mamas Nest
damit sie ja niemand alleine lässt.
Sie braucht Kuscheln und Wuseln und Schmusekuss -
meist fünf Minuten vor Spielfilmschluss!

EINGESCHLAFEN

Ein Po –
    wie ein Spielball hoch gereckt
die kleinen Ärmchen –
    weggestreckt
die Schenkel –
    dem Teichfrosch Konkurrenz gemacht
im Weggleiten -
    noch ein wenig gelacht.

Von Morpheus Armen umfangen,
sinkst du in den Schlaf -

    ich hoff' einen langen!

SCHLAFT GUT

Das Haus ist ruhig,
der Lärm verstummt,
ein jeder schläft,
sogar die Fliege an der Wand
hat ausgesummt.

Die letzte Runde wird gedreht,
zu sehen, wie's den Schläfern geht.
Jetzt Atemholen - ich seh' euch an -
schlaft gut -
und Träume süß wie Marzipan.

LOSLASSEN

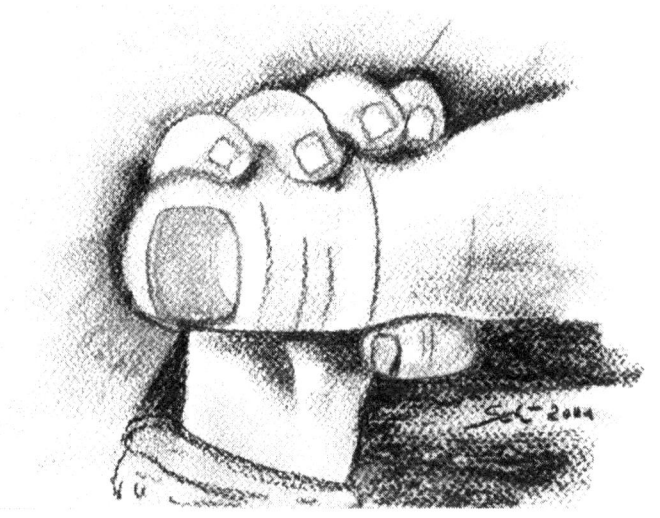

Ist es Unrecht, wenn ich
mich gehen lasse –

dich aber nicht?

LOSLASSEN?

Ich möchte es niemals vergessen,
wie dein Körper sich aus mir drängte,
wie dein Blick sich in mich versenkte.
Bald war ich von deinem Wesen besessen.

Ich habe versprochen, dich nie zu verlassen,
soweit es in meinen Kräften liegt,
ein Quell der Liebe, der niemals versiegt,
meine Mutterseele kann nimmer lassen.

LEBENS-ENTSCHEIDEND

Ein ganzer Berg voll Leere,
das Lächeln ist geraubt.
Von Ratlosigkeit trächtige Schwere,
die Hoffnung zu Ende geglaubt.
Entscheidung getroffen für's Leben
eines Menschen so innig geliebt.
Rat gesucht, nicht gegeben,
wann werden die Zweifel besiegt?

Hilf mir zu beweisen mein Kind,
dass wir auf dem richtigen Wege sind!

ERINNERUNG

Es ist schön dich wachsen zu seh'n –
und schade ist es zugleich.
Wenn doch die Erinnerung lebendig bliebe –
doch leider vergisst man zu leicht.

Es bleiben nur Filme und Bilder,
nur Worte – ein Abglanz, nur Schein.
Ach, bliebe mir doch dein warmer Körper,
doch auch du entwächst mir – ich wein'.

GOTT GEBE

Nie sollen Falsch und Übel dich treffen,
noch jemals dir einer vom Bösen sprechen.
So sanft und so gütig, so fröhlich und heiter
so gehe dein Leben für immer weiter.

Und sollte einst doch das Leid dich erlangen,
so darfst' nicht verzagen und sollst nicht bangen.
Wir stehen zu dir, solang' wir vermögen,
wir wollen schützen Leib, Seele und Leben.

Gott gebe dir Kraft, Mut und Verstand,
ein frohes Gemüt und eine glückliche Hand.

"HALBZEIT"

ZEIT FÜR MICH

Ein Zufall will's: Ich bin allein
und habe Zeit für mich.
Kein Einkauf und das Haus ist rein
und keine Wäsche meldet sich.
Ich muss nicht bügeln oder kochen,
die Fotos sind schon eingeklebt,
die Tiere haben sich verkrochen -
genau wie's wochenlang erstrebt.

So schleich' ich durch die leeren Räume
und suche irgendwas zu tun:
Klavier gespielt, Buch ausgelesen -
ich bin zu wach um nur zu ruh'n,
ich bin zu müd' mich zu verrenken,
an Fitness ist jetzt nicht zu denken.
Das was ich könnt', das will ich nicht
und kann nicht, was ich wollt' -
ich seh' mir prüfend ins Gesicht,
derweil die Zeit rinnt - wie sie sollt'.

Wo endlich keine Pflichten rufen,
muss ich jetzt nur mich selber suchen.
Die Frage ist, wo fang' ich an? -
ich hab' mich gut versteckt,
nach einer Stunde geb' ich's auf -
ich hab' mich nicht entdeckt!

Ich setz' mich hin, dichte zum Spaß,
geduldig ist's Papier.
Die Zeit ist um – ich höre was:
Gottlob, die Kinder sind jetzt hier!

DU UND ICH *oder:* MEINER FREUNDIN

Wie das Land und das Meer sich treffen und trennen,
geschieden - vereinigt, wie Ebbe und Flut,
wie die Wellen gegen das Ufer rennen
'mal stärker, 'mal schwächer, 'mal ausgeruht.
Wie ein Faden, der sich im Gewirr verliert
und doch den Weg weist, der zu dir führt,
so treffen und trennen sich unsere Wege,
von Unkraut überwuchert und oft ohne Pflege.
Die Verbindung ist stark und schwach zugleich,
mal dürftig und leer, dann wieder reich.

Ich brauch' dich und biete zugleich meine Hand,
begegne dir gern, wie die Welle dem Strand.
Wenn ich dich nicht hätte, es fehlte ein Stück,
von dem Blick nach vorne und auch dem zurück.

Gemeinsam den Liebeskummer ertränkt
und Höhenflüge gestartet,
gegenseitig in Hypnose versenkt
und auf die große Liebe gewartet.
"Country Roads", Sehnsucht und Poesie,
in der Kanne den Glühwein, im Kopf Phantasie.
Die Herzen heiß und die Füße kalt,
meilenweit mit dir durch den Wald.

Angst, Freude und Kummer telefonisch geteilt,
ausgeflippt in die Disco geeilt,
Alibis - hieb-, stoß- und wasserfest,
besiegelten den Freundschaftstest.

Briefe so dick wie ein Schuhkarton,
Verbindung gehalten in vertraulichem Ton,
bis einst die Signale schwächer klangen
und widrige Umstände das Vertrauen bezwangen.

Strömungen, Strudel – und wie ein günstiger Wind
bringt uns zusammen ein kleines Kind.
Obwohl es außer Lachen noch nicht viel kann,
hat es für uns beide schon genug getan.
Der Knoten geknüpft von so kleinen Händen,
Fortsetzung gewiss – wir werden weiter senden.

DIE MITTE

Wie die Kompassnadel am Pol
rastlos die eigene Mitte umkreist,
so zeigt sich im Erreichen des Ziels,
dass du nun den Weg nicht mehr weißt,
und nur im Verlassen des Poles
ruhen die Zeiger wieder still,
denn jetzt siehst du klar und deutlich:
in der Mitte liegt das Ziel.

Wenn du *dort* bist erkennst du die Wege
in unendlich verwirrender Pracht
und wieder gewinnt der Strudel des Zweifels
verhängnisvoll über dich Macht,
doch jeder deiner Wege
führt dich zum Zentrum zurück;
du erkennst: In dir selbst liegt die Mitte,
nur hier warten Ruhe und Glück.

Doch die müssen wohl noch länger verharren,
denn schon wieder bist du entgleist
und wenn du nicht aufpasst, hältst du selbst dich zum
                                                Narren
und am Ende ruhet sanft nur dein Geist.

SCHWARZE SONNE

Schwarze Sonne, Nacht im Tag –
es fröstelt im Zenite,
dunkle Blitze durchzucken das Hirn,
ein Körper bedroht deine Mitte.

Wenn die Finsternis durch die Köpfe kreist
und Angst und Sorgen und Nöte speist.

Eiskristallen gleich rieselt das Blut
wie der Sand durch den Engpass der Uhr,
weit entfernt von Atem und Herzschlag und Glut
wirken dunkle Kräfte pur.

Nach Minuten kehrt das Leben zurück,
doch nur scheinbar ist's wie zuvor,
noch lange Zeit bleibt beschattet der Blick
und als ein and'rer siehst du empor.

(Gedanken zur totalen Sonnenfinsternis am 11. August 1999)

PILLENGEKNICKT

Beraubt und bestohlen
hämisch grinsend - matt und weiß.
Gib mir meinen Eisprung wieder!

Die Keime der Kinder
verbannt in ihr eigenes Grab
nie seh'n sie das Licht dieser Welt.

Die Samen, sie stoßen ins Leere
irren suchend umher
sinnlos - ihr Tod - ohne Ziel.

VERHÜTUNG - NATÜRLICH!

Wie Gäa, die Mutter Erde,
    glühend ihr Inn'res gebiert,
das mondelang sie genährt
    und im Ausbruch der Kraft jetzt verliert,
so zeigt in der Geburt eines Kindes,
    welche Macht sich im Frausein versteckt,
ich wehre mich das zu verhüten,
    hab' am Nektar des Lebens geleckt!

Und berauscht von dem neuen Bewusstsein,
    so geb' ich mich dir wieder hin,
und ich nähre, gebäre von neuem,
    lass' den Mond seine Bahnen ziehn.
Und ich lebe in seinem Rhythmus
    und ich säuge an der Brust diese Frucht,
und für einen Moment bin ich glücklich –
    Familienplanung - verflucht!

Und es zwingen die Konventionen
    ins Durchschnittszahlenmodell,
Arbeit und Stress und Finanzen –
    unsere Gesellschaft lebt viel zu schnell.
Optimal sind heute vier Köpfe –
    ein Unfall, wenn einer zu viel,
"ausgerutscht" oder "Dummheit" –
    ich aber schreie: "Ich will!"

Doch "vernünftig" zwing' ich die Kraft
        in den eigenen Körper zurück,
rede ein mir "Ich hab' es geschafft!" –
        genieß' mein perfektes Glück.
Chemie erst, dann Thermometer und Kurve,
        sie helfen scheinbar bei diesem Schritt,
Ich will mich erneut in's Vergnügen stürzen –
        keine Lust mehr –

das Bewusstsein verhütet mit!

LEBENSZYKLUS

Erregend, kindlich, voll Energie –
    so ist sie mit 17 Jahren,
aufregend, kinderkriegend, energisch
    zeigt sie sich, wenn sie erfahren,
im Alter erregbar, voll kindischer Launen,
    grauhaarig, Busse voll zu bestaunen.

Erst nervenstark, umtriebig und immer lustig,
    schnell weggesteckt ein jeder Frust,
in den reiferen Jahren dann etwas nervös,
    dafür triebhaft und prallvoll weiblicher Lust.
nervtötend, lust- und antriebslos
    schon in den letzten Zügen,
nicht wert um auf dem Abstellgleis
    noch die Mindestrente zu kriegen.

Einst bildhübsch, ohne Regeln
    und durstig nach Wissen,
füllt sie später regelrecht ihr Rollenbild,
weiß es jetzt besser
    und weint heimlich nachts in die Kissen,
träumt ein letztes Mal vom Prinzen,
    der die Sehnsucht stillt.

Wissend liegen die Hände am Ende im Schoß,
ein Spiegelbild ihres Lebens,
sie hebt sie empor - endlich Regel-los,
vergeben - doch niemals vergebens.

SPIEGELBILD

Es blickt dich an, vertraut und doch fremd,
wie jemand, den man von früher her kennt.
Erst kürzlich gesehen, noch gar nicht lang her -
um halb sieben fällt das Erinnern noch schwer.
Eulengesichtiges Zerrbild einer besseren Zeit,
morgenmufflig, farblos im nächtlichen Kleid.
Du kramst im Gedächtnis - irgendwie kenn' ich dich;
oh! verdammt! - die im Spiegel, das bin ja ich!

Das kalte Produkt einer fernen Quelle
belebt die Durchblutung, klärt den Blick ziemlich schnelle.
Ein Industriezweig rüstet schon sämtliche Waffen,
mit Tiefenwirkung und High Tech ist jeder Gegner zu
schaffen.
Micros in Nanosphären verborgen
gelingt es die ältesten Zellen zu versorgen.
Geheime Botschaft: AHS und Q10!
Kajal und Rouge in Habachtstellung steh'n.

Dank eines Deckmantels von Farbe lächelt es mild:
mein sich selbst-bewusst-gespiegeltes Ebenbild.

LACHFÄLTCHEN

Plissiertes Lächeln mit zart gefälteltem Saum -
Boshafte lästern: "Krähenfüße!" -
"Wenn man nicht hinschaut sieht man sie kaum.",
säuseln die Schmeichler mit trugschwerer Süße.

Doch die Zeiger der Zeit rücken ohne Erbarmen
und die Werbung bittersüß lockt:
"Greif in den Cremetopf - es trifft keinen Armen!" -
bist nun falten-reich-haltig abgezockt!

IM LAUFSTALL DER FREIHEIT

Die Wände des Hauses werden jeden Tag enger,
die Zügel noch ein paar Meilen länger,

bei Ausbruchsversuchen die Grenzen besiegen,
beim *Frei*strampeln kalte Füße kriegen,

*Frei*laufen, *Frei*radeln, *Frei*schwimmen,
beim *Free*climbing höchste Berge erklimmen,

die *Frei*heit auf zwei Rädern oder im All,
Atemnot im *freien* Fall,

die *Frei*heit schmecken in Drogen und Rauch,
die Vernunftgrenzen schlafen - Leben aus dem Bauch,

du greifst zu, ohne Hemmung, ohne Maß oder Ziel -
"Ich bin so *frei*" sagst du, "ich mach' was ich will!"

Frei - plötzlich, haltlos, doch schrecklich allein
sucht Ich das Du um nicht mehr einsam zu sein.

Zuerst gehen sie noch *frei*-zügig aus -
und dann heißt es: "Komm, wir bauen ein Haus!"

IN UNSERER HAND

Wir haben den Ursprung des Problems erkannt,
wir betrachten betroffen, hilflos und still.
Wir halten den Schlüssel in unserer Hand
und fragen, was das Schicksal jetzt von uns will.

Ich sehe dich mit anderen Augen an
und erkenne: du trägst nicht meine Schuld.
Auch ich habe nicht dein Unrecht getan,
es war nur Blindheit und keine Geduld.

Ich kann jetzt lieben, was ich vorher gehasst,
ich seh' die Welt mit unendlicher Milde.
Wir haben von neuem unsere Hände gefasst
und gemeinsam führen wir was im Schilde!

LEBENSLÄUFE

Lang wie ein Tag weilet das Glück
und kurz wie ein Leben.

Sieh die Stimme des Windes
und höre das farbige Leuchten im Herbst.

DIE SONNENBLUMEN

Traurig die Häupter zum Abschied geneigt,
ehrfurchtsvoll demütig die Alten;
Sonnenstrahlen gesammelt, Würde gezeigt,
aufrechte, edle Gestalten.

Träumen von Sonne und Wärme und Licht,
einst Abbild der Himmelsschwester;
jetzt fehlt das Strahlen in ihrem Gesicht
und doch war *der* Sommer ihr bester.

Edel vollendet in Erfüllung gereift
und der Letzte den Sinn dieses Lebens begreift.

MOSAIK DES LEBENS

Aus lauter kleinen Steinchen ist dieses Bild gefügt –
der Blick auf nur ein einz'ges der Wahrheit nicht genügt.

Facettenreich die Formen, die Farben unbegrenzt,
aus dunklen, dumpfen Tönen, die nur du selber kennst.

Daneben und dazwischen strahlt auch manch' edler Stein
und passt sich ohne Mühe in dieses Kunstwerk ein.

Auf jedem Teil des Weges erweitert Stück um Stück,
betrachtest du das Ganze – tritt einen Schritt zurück.

Willst du vollenden schließlich dies bunte Lebenswerk,
vernimm: Die schönsten Steine gibt's nur auf einem Berg.

DAS TEEBLATT

Zartgliedrig gekeimt und empor gesprossen,
jeden Strahl der Sonne wohlig genossen.
Energie geatmet einen Sommer lang,
am Zenite des Lebens - der Opfergang.
Müde die Augen geschlossen im Traum,
starr und voll Sehnsucht nach dem Lebensbaum.

Sprudelndes Meer von glühender Wärme,
wohlig, sanft schaukelnd fernab von Gelärme.
Lebenssaft schwitzend aus allen Poren
hochkonzentriert gespeichert - nun wieder verloren.
Ausgelaugt und ausgesogen,
duftend fein und ausgewogen.

Noch einmal den Traum von Leben und Sonne,
noch einmal den Duft von ewiger Wonne.
Ätherisch und flüchtig wie der Geliebten Kuss,
hingebungsvolle Demut - ein einz'ger Genuss.

KARUSSELL NATUR

Göttliche Kraft - verschwenderisch,
so strömt sie dir entgegen,
in jeder Blume, jedem Blatt
ein sanfter Hauch von Leben.

Er schaukelt - voller Übermut,
gleich einer Zauberblüte,
gönnt einen Blick auf seine Pracht -
ein Falter in unendlich großer Güte.

Daneben, unscheinbar und winzig,
mit Flügeln beinah' unsichtbar -
ein Mücklein schwebt im Zickzackfluge,
die Landebahn in meinem Haar.

Gerettet für 'ne kurze Spanne -
im Luftraum jubiliert der Tod,
er spreizt die Schwalbensturzflugflügel
und leidet heute keine Not.

Im kleinen starken Zangengreifer
wehrt sich schon längst nicht mehr die Last,
ziellos verschleppt mit übergroßem Eifer,
mal hier- mal dorthin ohne Rast.

Streng nach chaotischem Prinzip
ergießt sich dort des Brunnens Strahl,
in ew'gem Kreislauf plätschert es -
das Wasser hat sonst keine Wahl.

Doch nein - so mancher freche Tropfen
sucht spritzend höheren Zieles Spur
und landet ohne es zu wissen,
arglos im Karussell Natur.

Womit auch hier der Kreis sich schließt -
ob Mensch, ob Pflanze oder Tier:
Heut' noch lebendig und unendlich wichtig -
und morgen ist's als warst du niemals hier.

VON DER QUELLE BIS ZUR MÜNDUNG

Die Angst der Quelle vor der Mündung,
die Angst des Erdöls vor der Zündung,
die Angst des Kornes vor dem Brot,
die Angst des Menschen vor dem Tod.

Die Angst des Regens vor dem Fall,
die Angst des Sternes vor dem All,
die Angst der Puppe vor dem Flug,
doch niemand ist sich selbst genug.

Die Angst der Liebe vor der Bindung,
die Angst des Flusses vor der Mündung.
Das Streben nach Vollendung, Sinn,
führt zielgenau zum Ende hin.

Das Ziel macht atemlos besessen
und lässt so oft den Weg vergessen:

Gesammelt, geruht, voll Einfalt und Kraft,
emporgestrebt, unbändig - Zutritt verschafft,
erst zaghaft, dann forscher und bar jeder Zügel,
ein Füllhorn berauschend, als hätte man Flügel.

Überschäumend ungebändigte Lebenskraft
über Hindernisse gesprungen und fröhlich gelacht,
in sich ruhend schließlich, behäbig, zufrieden,
träumend sich die Wellen wiegen.

Die Stromschnelle kündet von Widerstand,
eine kleine Welle leckt den Sand,
ein Teil des Lebens gründet so tief,
du kannst ihn nicht hören, so laut er auch rief.

Man wird schon von fern den Horizont ahnen,
die Bewegung verläuft in genormten Bahnen,
die Vollendung vor Augen - doch ohne Begründung -
keimt die Angst des Stromes vor der Mündung.

LEIHGABE

Ein jeder rafft und will Besitz
und nimmt ohne zu fragen.
Mensch glaubt, dass das, was er bekommt,
auf ewig er kann haben.

Doch Kinder, Liebe oder Geld
gibt's nicht wie man so denkt,
gleich der Gesundheit und der Zeit
im Leben nur geschenkt.

Am Ende stellt man nämlich fest,
mit Blick auf seine Habe,
dass alles was man angesammelt,
nur eine flüchtige Leihgabe.

AUS DEM LEBEN EINES STUHLES

besetzt, angewärmt, freigemacht, gekippt,
angeboten, dankend abgelehnt, mit Kissen bestückt

begutachtet, die Höhe verstellt und abgeputzt,
d'rauf fallen gelassen, herumgedreht, hin- und
                                        hergerutscht

in die Ecke gestellt, aufgeräumt und zusammengeklappt,
'rausgeholt, renoviert und neu gelackt

d'raufgeplumpst, 'rumgelümmelt, an den Tisch
                                        geschoben,
aufgestanden, umgestoßen, wieder aufgehoben

Lack abgeblättert, wackelig, schon zu lange besessen,
ausgemistet, entrümpelt und vergessen.

WINTERLICHES

SCHÖPFUNG

Kälteflocken, traumgewirkt
nach streng gehütetem Plan.
Ödes Gleichmaß - darunter verbirgt,
was nie auch nur *ein* Mensch getan.
Einzeln geformt von Künstlerhand,
immer wieder von neuem erdacht,
zusammengefügt, in die Welt gesandt,
unendlich weiß-blendende Pracht.

Und der Fuß eines Menschen erdreistet sich,
gräbt ein sich ohne zu fragen.
Stumm der Protestschrei - doch fürchterlich -
wird das Gericht sich noch einmal vertagen?

Doch voll Gnade, mit unendlicher Geduld,
tilgt Flocke um Flocke des Frevlers Schuld.
Und spurlos geht der Mensch vorüber,
und die Schöpfung gewinnt ihre Unschuld wieder!

IMPRESSIONEN EINES SKIFAHRERS

Menschentrauben, Trubel, Schnee-
gestöber, Flocken, Muskelweh

Handschuh', Skier, Stöcke, Mütze -
brechreizfördernd - Gondelsitze

Letzte Rettung: Einkehrschwung -
heiße Wurst und Tee mit Rum

Warteschlangen, Drängen, Schieben -
g'rade noch 'nen Sitzplatz kriegen

Klumpfußtrampeln, Kommen, Gehen -
Sonnenstrahl - noch nicht zu sehen

Letzte Abfahrt - Gott sei Dank -
Massage, Sauna, Sonnenbank

Hüttenzauber, Gaudiski -
morgen besser - glauben sie?

Neuer Morgen, steife Knochen -
fröstelnd aus dem Bett gekrochen

Blauer Himmel, Glitzerweiß -
Panorama, Gletschereis

Schwebend sanft empor getragen –
jauchzend durch den Tiefschnee jagen;

Sonnenwarmer Liegeplatz –
Cappuccino – Danke Schatz!

Urlaubsbräune lichtgeschützt –
angeschnallt, talwärts geflitzt.

Wenn Flocken nur von unten stieben –
dann ist der Skifahrer zufrieden!

SCHNEE VON GESTERN

Der Schnee von gestern ist heute ein Traum,
war's Wunschdenken, war's Illusion?
Schenkt den milden Lüften man sein Vertrau'n,
naht der nächste Frühling schon.

Doch noch brennt die vierte Kerze nicht,
und der Stollen duftet noch warm,
Da kitzelt ein heller Strahl mein Gesicht,
nimmt das Wetter mich auf den Arm?

Und verzweifelt such' ich nach Resten von Schnee,
und ein klein wenig Eis auf dem Teich.
Ich rufe die Zeugen der vergangenen Tage:
Spielt mein Gedächtnis mir einen Streich?

PLÄTZCHEN

Geformt, gestylt, zurechtgemacht,
mit Gold und Glitzer zur Vollendung gebracht,
drapiert und gebettet, an den Platz gerückt,
ins rechte Licht noch - und ja nicht verdrückt.

Den anregenden Duft eingesogen, gerochen
und bloß keine Zacke aus Stern und Krone gebrochen,
die Sinne gestreichelt, ansprechend und warm,
Stolz mancher Frau - sei sie reich, sei sie arm.

Ich kann damit dienen, doch aus zweiter Hand -
denn ich *kauf'* meine Plätzchen am Weihnachtsstand!

HIRSCHAIDER WEIHNACHT

Klänge über Stimmen emporgehoben,
Tontrauben, Tiraden, ineinander verwoben,
Lichter und Farben, voll und berauschend,
mit wachen Sinnen hier und dort lauschend.

Filigrane Welten, prachtvoll und zart,
Maria und Josef nach alter Art,
flackernde Feuer kunstvoll erhellt,
Weihnachtszauber, Krippen, mit Liebe erstellt.

Von Glühwein und Plätzchen schwangerer Duft,
Kerzenschein und Frieden erfüllen die Luft,
Lampenfieber, Lächeln, Applaus für die Lieder,
Wohlsein, genießen – alle Jahre wieder!

VORSÄTZE

Pünktlich zum Jahreswechsel
    fliegen die Pläne hoch empor,
vermählt mit Hoffnung und Vorsatz –
    entschlossen wie nie zuvor.

Doch nur wenige Funken erreichen –
    den Feuerwerksschwestern gleich -
ein Ziel. Sie fallen, verlöschen , verstreichen –
    Augenblicke kraftvoll und reich.

D'rum zünde doch lieber statt Himmelsraketen
    tagtäglich eine Kerze an,
die brennt zwar nicht blendend wie Sternenfeuer,
    dafür aber stetig und lang.

Und so wie der Schein der Flamme
    auch das Ende des Tages beglückt,
wird durch den *kleinen* Vorsatz im Leben
    nicht selten Großes erblickt.

GEDANKEN-

SPLITTER

GEDANKEN

Tief gründend nur um hoch zu fliegen
müde kreisend um dann brach zu liegen
umherirrend um sich zu verstricken
Luftschlösser bauend, beflügelt entrücken
Erinnerung bruchstückhaft an sich reißen
versessen, beharrlich um sich fest zu beißen
Nahedran, auf der Zunge und doch nicht zu greifen
Gedankenblitz, Erleuchtung und zur Erkenntnis reifen!

UHR-ZEIT-LOS

Warum trägst du die Zeit am Puls des Lebens?
Lass dich doch von ihr tragen!

Denn wenn sie kommt, kommt Rat
        im Zug des Nehmens und des Gebens

und nach der Uhr kannst du die anderen fragen!

GEDICHTE

Gedichte zum Denken gemacht
Gedanken zum Dichten gebracht

Dinge in Worte fassen
Worte geschehen lassen

Geschehene Momente gesehen
Gesehene Elemente verstehen

Verstandenes neu überdenken
Gedanken andere Wege lenken

Worte formbar wie weicher Ton
flüchtig erst, doch greifbar schon

Spannung - fast um den Verstand gebracht
und in der Lösung zu Ende gedacht!

TANZ

Perlen von Schweiß zieren das Gesicht,
die Muskeln gespannt wie ein Bogen,
auf Zehenspitzen geschwebt –
ein materielles Gedicht,
in den Rausch von Licht und Farben gehoben.

Fünfhundert Augenpaare folgen entzückt
Spagat, Arabesken und Sprüngen.
Mitgerissen die Menschen – von Raum und Zeit entrückt,
bis auch die letzten Töne verklingen.

PARTITUR EINER AUTOBAHNFAHRT

Singend die Reifen - wie tausend Sirenen klagend –
    im Gleichmaß ihr Lied.
Donnern die Wind- und Motorengeräusche
    im Takt der Geschwindigkeit mit.

Der Regen begleitet - piano, piano –
    wie ein Schlaflied die Melodie.
Sein Tremolo prasselt an's Blechinstrument,
    der Wischer - stakkato - klagt nie.

Dazwischen Akzente von blitzenden Lichtern –
    Scheinwerfer huschen vorbei.
Geschichte und Schicksale, Menschenleben,
    verborgen im Schwarz - einerlei.

Das Band der Straße umzäunt und begrenzt –
    Leitpfosten, Leitlinien, Leitplanken,
Rückspiegel und Blinker, Konzentration –
    ins Blaue hinein die Gedanken

eilen dem Wagen voran schon an's Ziel,
    hoffen auf baldiges Rasten
und wie Pfeile schießen die PKW's
    und Geschosse auf Rädern die Lasten.

Jene den Berg hoch gequält mit Kraft –
      und unbeeindruckt vorüber –
im Akt der Begegnung vergessen bereits –
      immer weiter, man sieht sich nie wieder.

Die Schilder weisen des Lebens Wege
      und man trifft sich und trennt sich und kreuzt
diminuendo – die Ausfahrt – andante –
      und man ruht, atmet durch, streckt und schnäuzt!

DIE (KLO-)ROLLE

Die wichtigste Rolle im Leben
eines Menschen - und zwar fast eines jeden -
spielt zweifellos die von Papier,

nicht Pergament oder Hochglanz, worauf schreiben wir -
nein, saugfähig, reißfest und extraweich,
umweltfreundlich oder Luxus hängt sie bei arm und reich,
mit Abstand regelmäßig perforiert,
zart genoppt und gern mit Blümchendeko verziert -

und nicht nur als Schauspieler gerät man leicht
                              außer Kontrolle,
wenn man da sitzt und ist unverhofft
                    ohne Rolle!

COLADOSENS RACHE

Überschäumend sprudelnd gebändigte Quelle
Wohltuend, erfrischend den Rachen genetzt
Gelenktes Gleichmaß
                im *Fluss*

Halbleere Hülse, von Hand eine Delle
Gequältes Objekt den Strahl leicht versetzt
Den Rachen verschmäht und dem Hals
                feuchten *Kuss*

NÜSSE KNACKEN

Rücksichtslos, schonungslos bloßgelegt,
gespalten, geknackt und aufgerissen,
die Hülle achtlos beiseite gelegt,
entblößt, zermalmt, ohne schlechtes Gewissen.

Kleingekriegt, siegreich und voller Genuss,
das nächste Opfer ist ein Muss,
zwanghaft, fast wie ein heil'ges Versprechen -
und führt nicht selten
                                        zum Erbrechen.

MARGA(RINE)

Ein fester Körper, doch formbar und zart,
mal ausgelassen, mal schmierig -
dann wieder kalt und hart.
Zuckersüße Verbindung - überschäumend - gerührt
essentiell und handlich - und immer raffiniert!

DIE SCHILDKRÖTE

Wo unsereins tausend Schritte tut,
da gehst du einen und es ist gut.
Wo andere vorwärts eilen und zurück,
da wendest du nicht 'mal den Blick.

Du gehst in dein Haus, wenn es brenzlig wird
und schläfst einfach ein, wenn es dich friert.
Genüsslich und ohne Ende zu fressen,
das hat unsere Gattung schon fast vergessen,

doch keuchen wir gleichsam beim Liebesspiel,
als kämen wir rekordverdächtig ins Ziel.

AUSZÄHLREIM: *TISCHE UND ELLE*

Phlegma-, Ero-, Frene-, Spas-,
Exo-, Kel-, Sadis-, Phantas-,
kapitalis-, feminis-,
masochis-, fe-,
Auszieh-
              tisch.

Origin-, kultur-, inform-,
substanti-, offizi-, form-,
gener-, funktion-, spiritu-,
Dauerw-
              elle

- weg bist du!

SCHILLERS LOCKE *oder:* BEIM FRISÖR

Fest gemauert in der Erden
- der Frisör – die Scher' zur Hand.
Heute soll das Kunstwerk werden
mit dem Lockenstab gebrannt.
In den Händen heiß
sammelt sich schon Schweiß,
doch bevor der Schnitt zu loben
kommt zuerst das Nass von oben.

Unverbindlich stets das Wort
und der Schaum fließt munter fort.
Ein Turban gleich den Menschen zieret –
fest umschlungen der Verstand –
das Handtuch ist's das er da spüret,
da nahet schon des Meisters Hand.

Zuerst an der Fasson geschnippelt
und dann gelockt und eingewickelt.
Sauerstoffperoxyd der Brei
Entwicklerflüssigkeit herbei,
dass die zähe Lockenspeise
fließe nach der rechten Weise,
auch vom Schaume rein
muss die Mischung sein.
Jetzt Gesellen frisch!
D'rauf mit dem Gemisch!
Dass das Spröde mit dem Weichen
sich vereint zum Haarebleichen.

Kein Handwerk ist uns wohl so wichtig,
als das, welches macht Kunst am Schopf;
und mancher, der sonst recht vorsichtig,
hält ohne Zaudern hin den Kopf.

Doch prüfe, wer sich ewig bindet,
dass man die rechte Farbe findet!
Der Wahn ist kurz, die Reu' ist lang
und in den Spiegel blickt sie bang
die züchtige Hausfrau, die Mutter der Kinder.

Wohl, nun kann der Schluss beginnen,
schön gezacket ist der Schnitt.
Nach dem Zahl'n nach Hause springen,
selbstbewusst beschwingt der Schritt.
Durch die volkbelebten Gassen
geht sie hin des Heimwegs Spur,
wehe wenn sie losgelassen
die freie Tochter der Natur.

Doch zucket plötzlich, ohne Wahl,
dort am Firmament ein Strahl.
Aus der Wolke quillt der Regen –
er ist heut' and'rer Leute Segen.
Man hört sie wimmern in dem Sturm
und weg ist der Frisurenturm.
Da werden Weiber zu Hyänen,
wenn man zerstört die teuren Mähnen.
Alles rennet, rettet, flüchtet,
da ward das schützend Heim gesichtet.
Der Ehemann sitzt warm und trocken
und ahnt nichts von den Schillerlocken!

FLIEGENBESUCH

Fräulein Fliege mit Gesumm
brummt immerzu im Kreis
links herum und rechts herum
ihr Vorname war Schmeiß.

Für fünf Sekunden ruht sie aus –
ach nein, es war'n ja zehn.
Wir führen hier kein Gästehaus,
ich bitt' höflichst zu geh'n!

Kost und Logis sind schwer zu kriegen,
noch schwerer Saus und Braus,
doch hier werden sie sicher fliegen,
und zwar am besten
                              RAUS!

MIT
KRITISCHEM
BLICK

VER-RÜCKTE JAHRESZEITEN

Unangemeldet stürmt der Lenz ins Jahr –
wenn ich mich recht besinn' ist es noch Februar.
Die Knospen spielen schon verrückt,
die Vöglein jubilier'n entzückt.

Doch in dem munt'ren Jahresreigen
müsste sich noch der Winter zeigen.
Der kommt wie immer reichlich spät,
wenn der Salat schon angesät.

Wenn jeder auf die Sonne wartet,
wird bei ihm eiskalt durchgestartet.
Missmutig schleicht er spät von dannen,
derweil es regnet wie aus Kannen.
Sein Auftritt bracht', so will es scheinen,
den armen Frühling gar zum Weinen.

Der Sommer sieht von Ferne zu,
denkt: "Heuer brauch' ich meine Ruh'!
Vielleicht komm' *ich* im nächsten Jahr
zur Abwechslung im Februar.

SPIELPLATZ"IDYLLE"

Wenn einst *unsere* Kinder,
denen ihr Scherben und Kippen streut,
in euere Fußstapfen treten,

dann sollen *euere* Kinder,
wenn ihr nicht bereut,
sich ihre zarten Finger in Dosen einzwicken,
die Füßchen aufschneiden und am Raucherabfall ersticken.

Dann helfe euch weder Fluchen noch Beten,
wenn sie euch schließlich
– statt eurer Eltern –
in die verantwortungslosen Ärsche treten.

TIERISCH

Der Hund, so hat er es gelernt,
denkt: "Hör' auf deinen Meister."
Wo der ihn lässt, setzt er sich hin,
in diese Ecke scheißt er!

Doch dieses kleine Stückchen Erden,
soll Teil einst uns'res Gartens sein,
wo manchmal Kinder spielen werden,
Herr oder Hund – wer ist das größ're Schwein?

"STRAHLENDE" ZUKUNFT

Sie strahlen dich an, so auf die Schnelle,
'mal ultrakurz-, 'mal mit Mikrowelle,
du strahlst zurück mit dem blendendsten Lachen -
es gibt doch nichts Bessres als Fort-Schritte machen!

Von Toxinen umnebelt ist bald dein Gehirn,
Poli-Tick, Wirtschaftswunder und Medienwirr'n.
Es umkreisen dich Sirenengesang Smog und Ozon,
hinterblieben die Natur - wen kümmert es schon.

Du beschleunigst den Schritt - immer fort und fort,
wer zuletzt stirbt ist der Sieger - der springt über Bord!

POLITIK

eSU JotU eS Pe De eS
Namen, Zahlen, Wett-Wahl-Kampf-Stress
hochkalorig die Diäten locken -
Reue nie oder zu spät,
Wahrheit heimlich abgetreten,
Wort, wie Bäuche aufgebläht.
Finanzgespritzt in Form gedopt,
die Siegerhaltung oft geprobt.
Strahlelächeln - steuerpflichtig,
eig'ne Meinung - immer richtig.

Im Wind das Fähnchen weht beständig,
die Richtung wechselt es behändig,
denn wer es allen recht tun kann,
kommt hoch hinaus und oben an.

Doch Runzeln trägt des Doktors Stirn,
die Höhenluft schwächt Herz und Hirn,
wo man sich wähnt im Gipfels-Glück,
leidet man nur am *Poli-Tick*.

SCHWEIN GEHABT *oder :* BSE-POSITIV

Kuh Berta käut bedächtig wieder
und muht zu Grete gegenüber:
"Geschlachtet werd' ich morgen not –
hab' BSE – bin bald schon tot."
D'rauf meint die Nachbarskuh : "Sei froh,
denn sterben musst du sowieso!"

"Ja, ja", nickt Berta, "wie's auch lief,
ich seh' es einfach *positiv,*
hab' Muskelmasse , kaum noch Hirn
und biete niemandem die Stirn,
genau wie mancher auf zwei Beinen,
kau' wieder ohne zu verneinen."

"Na klar", schmatzt Grete, "Grünzeug? – Nein!
Man sieht, du hattest Rind – und Schwein!"

ES IST ANGERICHTET

Einladung ins Pentium,
piekfein, äußerst kompatibel.
Software, Treiber rings herum,
neuestes Modem, ganz penibel!

Sieh' nur, welch' chices Monitor,
die Eingangsbuchse - Anschlußkomfort!
Nimm doch Steckerplatz auf der Datenbank.
Unter'm Bildschirm ist's schattig - verbindlichsten Dank!

Reich mir mal die Grafikkarte -
als Hors d'œuvre etwas Chip
das Menue ich damit starte,
dazu einen trock'nen Zip.

Wir empfehlen Fisch vom Tune,
virenfrei ans Netz geschickt,
ein paar Spritzer Tintenstrahl,
gebootet und leicht angeklickt.
Dem Gatten etwas file Gehacktes,
die Festplatte ist vorgewärmt.
Zum Abschluss ein paar Bites Entpacktes -
Pe Ce hat davon sehr geschwärmt.
Als Dessert dann etwas Apple Pie,
ein Häubchen Quarks ist auch dabei.

Sogar die neu'ste Startdiskette
liefert exquisiten Sound -
CD-Rom-antisch,
stereo und natürlich höchst surround!

Ein traumhafter Blick auf die Konsole,
ein letzter Surfer im Internet,
die Laser klingen melodisch - zum Wohle,
die Phantasien scannen zum Flachbett.

Es pixelt jetzt bis in die Zehenspitzen,
die Ebene ist leicht verfremdet,
und mein 20 Kilohertz
ahnt schon, wie der Abend endet!